VON ABS BIS ZADEK: SPRÜCHE FÜR DAS GANZE LEBEN

Lebensansichten
prominenter Persönlichkeiten
gesammelt
von Monika Jetter

Verlag Hanseatische Edition

Vorwort

Begleitet einen Prominenten auf dem Weg „nach oben“
eine bestimmte Lebensansicht?
Das interessierte mich!
Die erste Erfahrung, die ich während der Arbeit
an diesem Buch machte, war:
Prominente sind immer unterwegs!
Sie zu erreichen bedeutet, vor Vorzimmern, Agenten,
Managern, Verlegern, Referenten und vor allem vor
Geheimnummern nicht zu kapitulieren.
Prominente leben nach festen Terminkalendern,
abgeschirmt, vor Anrufern geschützt.
Die zweite Erfahrung: Ich brauchte zwei zusätzliche Wecker,
denn — hält man sich nicht an eine präzise
Rückruf-Vereinbarung, ist ein Prominenter bereits
wieder unterwegs.
Vier Monate lang geisterte ich durch das bundesweite
Telefonnetz, verzweifelte an italienischen, spanischen
und griechischen Telefonvermittlungen, gehörte sicher in vielen
Vorzimmern und Referentenstuben zu den hartnäckigen
Daueranrufern.
Mit einem Strauß Vergißmeinnicht in Folie, mit blauen Bändern
und einem Brief stöberte ich den Blauen Engel,
Marlene Dietrich, in Paris auf, schrieb einem Star nach

Leningrad, bat Mutter Teresa in Kalkutta um einen Beitrag für
dieses Buch. Einem Journalisten verriet ich seinen Spitznamen
in der Branche: „Kermit von Bonn, Applaus, Applaus!"
Er kannte ihn noch nicht und lachte herzlich. Denn ein Frosch ist
er nicht.
Ich störte im Bundestag (versehentlich durchgestellt).
Ich unterbrach die Massage eines gestreßten Showmasters.
Ich holte auf einer einsamen Insel einen erholungsbedürftigen
Künstler vom Holzhacken und im Rheinland
eine prominente Dozentin aus dem Bett. Sie war mir dankbar,
denn sonst hätte sie ihre Vorlesung verschlafen.
150 Lebensansichten von Prominenten.
Der eine hatte sie gleich parat, der andere ging für einige Zeit
in Klausur.
Manch einer gestand, daß er schon lange keine Zeit mehr
gefunden hatte, über seine Lebensansicht nachzudenken.
Ob aus der Bibel, der klassischen Literatur, ob als Karikatur oder
aus eigener Feder — alle haben sich Mühe gegeben,
viele etwas von sich preisgegeben. Herzlichen Dank!
Zwei bekannte Persönlichkeiten starben in diesem Jahr:
Die Ärztin Dr. Mildred Scheel
und der Schauspieler Werner Hinz.
„Nicht reden, sondern tun", sagte mir Mildred Scheel.
Und sie fügte hinzu: „Das gilt für alle und immer!"

Werner Hinz lebte in seinen vielen Schaffensjahren,
wie er seinen Lieblingsdichter
Theodor Fontane zitierte:
Alles Alte, soweit es Anspruch darauf hat,
sollen wir lieben,
aber für das Neue sollen wir recht eigentlich leben.

Monika Jetter

Verlag und Autorin
verzichten auf einen Teil ihrer Einnahmen
zugunsten der Kinderhilfsorganisation
Terre des Hommes.

Inhalt

Friedrich Karl Waechter

„WAHRSCHEINLICH GUCKT WIEDER KEIN SCHWEIN!"

Tetsche

STERN, „NEUES AUS KALAU“

Hans Traxler

ZEITMAGAZIN, „LEUTE VON GESTERN“

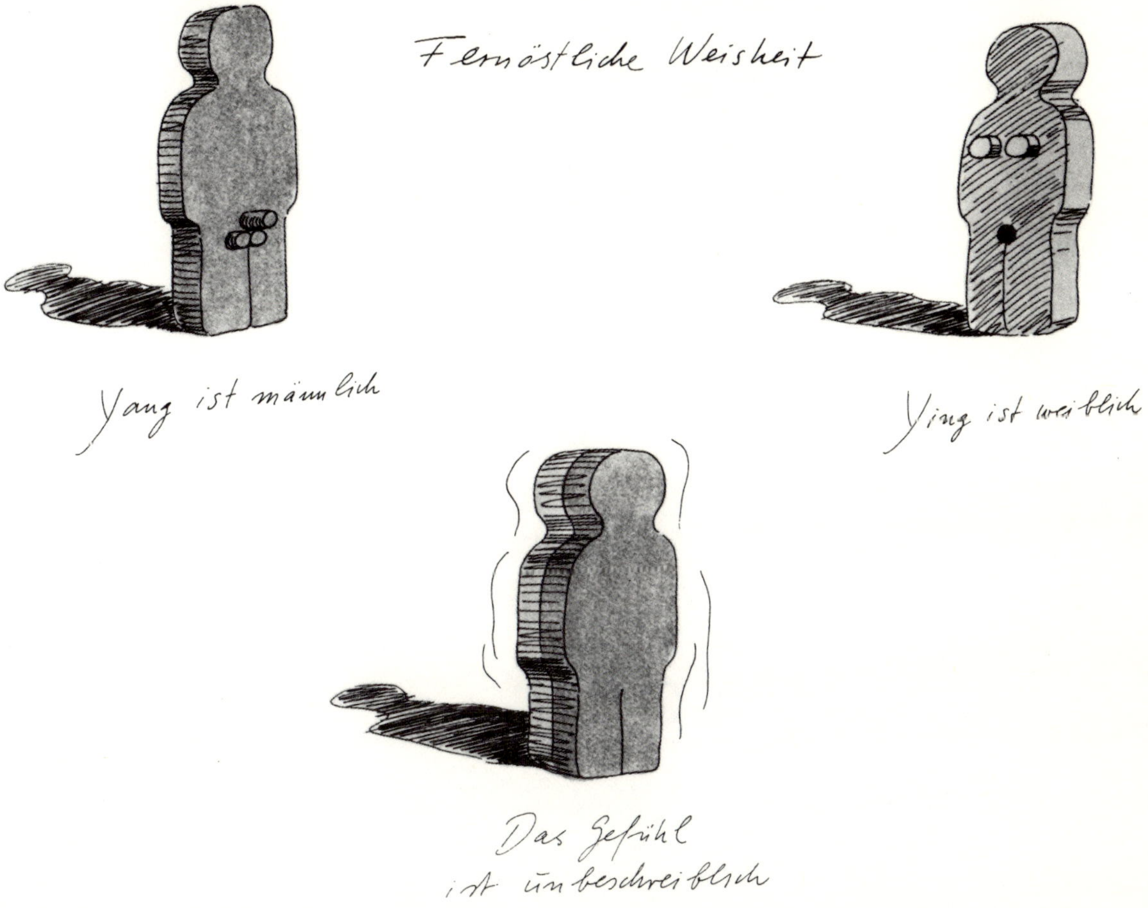

Markus

STERN

» ....! «

(Zitiert Harpo Marx, den Stummen des amerikanischen Komiker-Trios der Marx Brothers)

Klaus Staeck

PLAKATKÜNSTLER, „DIE KUNST FINDET NICHT IM SAALE STATT!"

Peter Neugebauer

STERN, „ZEUS WEINSTEIN“

Tomi Ungerer

SATIRISCHER ZEICHNER, „DAS GROSSE LIEDERBUCH", DIOGENES VERLAG

Glaube an Gott, wenn er an Dich glaubt!

Marion Gräfin Dönhoff

MITHERAUSGEBERIN, „DIE ZEIT"

Entscheidend ist nicht das Ziel —
Ziele sind immer grandios und hehr —,
es kommt vielmehr darauf an,
mit welchen Mitteln es erreicht werden soll.

Dagobert Lindlau

FERNSEHJOURNALIST, „WELTSPIEGEL"

Bedauerlicherweise gibt es mehr Dumme als Kluge, d. h.,
wenn die meisten Leute sagen,
daß eine Sache harmlos, gerecht und nobel ist,
dann ist schon allein das ein triftiger Grund für die Vermutung,
daß die Sache in Wirklichkeit gefährlich, ungerecht und gemein ist.
Es spricht viel dafür, daß man der Wirklichkeit näher kommt,
wenn man vom Gegenteil dessen ausgeht, was alle Welt glaubt.
Zumindest ist das eine gute Arbeitshypothese.
Vor allem, wenn man bereit ist, sich widerlegen zu lassen.

(Tagebuch-Eintragung von 1956)

Fides Krause-Brewer

WIRTSCHAFTSJOURNALISTIN, ZDF/Bonn

Leicht ist das Fähnlein auf die Stange gezogen,
doch schwer ist's in Ehren wieder herunterzuholen.

Henri Nannen

EHEMALIGER CHEFREDAKTEUR UND HERAUSGEBER, „STERN"

Verlange nie von anderen etwas,
was zu leisten Du selber nicht der Lage oder willens bist!

Joachim Fest

MITHERAUSGEBER, „FRANKFURTER ALLGEMEINE ZEITUNG", AUTOR, „HITLER"

Nec spes, nec metus.
(Weder Hoffnung noch Furcht)

Franz Alt

FERNSEHJOURNALIST, „REPORT", AUTOR, „FRIEDEN IST MÖGLICH. DIE POLITIK DER BERGPREDIGT"

Alles, was ihr von anderen erwartet,
das tut auch ihnen.

(Aus der Bergpredigt)

Utta Danella

BESTSELLER-AUTORIN, „JAKOBS TRAUM"

Einer der wichtigsten Bestandteile meines Daseins besteht darin,
als Individualist leben zu können.
In Freiheit und Unabhängigkeit also, wozu allerdings so viel Disziplin gehört,
beides nicht zu mißbrauchen.
Dazu gehört auch Verantwortungsbewußtsein gegenüber Menschen,
Tieren und der Natur und die Fähigkeit,
das Böse in uns, das sind vor allem Neid und Haß,
zu besiegen und Liebe, Mitgefühl und Erbarmen für das,
was mit uns lebt, aufzubringen.

Werner Höfer

FERNSEHJOURNALIST, „INTERNATIONALER FRÜHSCHOPPEN“

Man muß an seine Träume glauben!

Axel Springer

VERLEGER, „BILD“, „WELT“, „HÖR ZU“

Was hülfe es dem Menschen,
so er die Welt gewönne
und nähme doch Schaden an seiner Seele.

(Matthäus-Evangelium 16, Vers 26)

Walter Kempowski

AUTOR, „TADELLÖSER & WOLFF“

Des Lebens ungemischte Freude
ward keinem Irdischen zuteil.

(Friedrich Schiller)

Fritz J. Raddatz

LITERATURKRITIKER, „DIE ZEIT“

Leben ist Aussuchen.
Und man suche sich das aus,
was einem erreichbar und adäquat ist,
und an allem anderen gehe man vorüber.

(Kurt Tucholsky)

Heinz G. Konsalik

BESTSELLER-AUTOR, „DER ARZT VON STALINGRAD“

Konzentriere dich in deinem kurzen Leben auf wesentliche Dinge
und lebe mit dir und der Welt in Frieden.
Sorge dafür, daß die Menschen dich lieben, solange du lebst.
Bald werden wir unsern letzten Atemzug tun, solange wir aber atmen,
solange wir unter Menschen weilen,
wollen wir uns Menschlichkeit zur Pflicht machen.

(Seneca, römischer Philosoph)

Herbert Reinecker

KRIMIAUTOR, „DERRICK", „DER KOMMISSAR"

Ich sehe keinen Weg, der unsere Art nach oben führt.
Er führt bei einzelnen Menschen allenfalls nach innen.
Von innen nach außen zu wirken, das ist eine Aufgabe,
die im Prinzip so richtig notwendig ist,
im schließlichen Ergebnis aber wohl erfolglos bleibt.

Axel Eggebrecht

JOURNALIST, AUTOR, „DER HALBE WEG"

Denke dran, Dein Leben nicht mit
Hassen und Angsthaben hinzubringen!

(Stendhal)

Heinrich Böll

SCHRIFTSTELLER, „DIE VERLORENE EHRE DER KATHARINA BLUM“

Es gibt wenig Arbeit,
aber viel zu tun!

Benjamin Henrichs

THEATERKRITIKER, „DIE ZEIT“

Du hast keine Chance —
aber nutze sie!

(Herbert Achternbusch)

Johannes Mario Simmel

BESTSELLER-AUTOR, „ES MUSS NICHT IMMER KAVIAR SEIN“

Es gibt im Leben nur eine Sünde,
und die ist: den Mut verlieren.

Friedrich Nowottny

FERNSEHJOURNALIST, „BERICHT AUS BONN", INTENDANT WESTDEUTSCHER RUNDFUNK

Friedrich — nimm dich nicht so ernst!

Hellmuth Karasek

KULTURKRITIKER, „DER SPIEGEL"

Lieber von Picasso gemalt
als vom Leben gezeichnet.

Elke Heidenreich

FUNKAUTORIN, ERFINDERIN DER ELSE STRATMANN „DARF'S EIN BISSCHEN MEHR SEIN?"

Wehmütig grüßt der, der ich bin, den,
der ich sein könnte!

(Kierkegaard, dänischer Theologe und Philosoph)

Werner Burkhardt

MUSIK-KRITIKER, „SÜDDEUTSCHE ZEITUNG“

Weniger Fremdheit zwischen der etablierten und der aufmüpfigen Kultur,
vor allem der Musik, wünsche ich mir und bleibe dabei bescheiden;
fordere nicht die ästhetisch ohnehin gefährliche Verschmelzung,
sondern bloß ein wenig Offenheit.
Wichtigster Punkt: Die oben sollten die Unteren achten.
Den Jazzpianisten, der im Wohltemperierten Klavier zu Hause ist, kenne ich.
Den Intendanten, der Miles Davis hört, möchte ich bald kennenlernen.

Peter von Zahn

FERNSEHJOURNALIST, REPORTER DER WINDROSE

Aequam memento rebus in ardius servare mentem.
(Auch in unangenehmen Zeiten Gelassenheit bewahren.)

(Horaz, römischer Dichter)

Karl Lagerfeld

DEUTSCHER MODEMACHER IN PARIS

Es kommt immer besser,
als man denkt.
Auch langsame Katastrophen
gehen im Grunde schnell vorbei.

Jil Sander

UNTERNEHMERIN, INTERNATIONALE MODE

Weniger ist mehr!

Max Dietl

HERRENAUSSTATTER, PRÄSIDENT DES DEUTSCHEN MODEINSTITUTS

Erfolgreich ist man nur,
wenn man weiß,
warum man erfolgreich ist!

Wolfgang Joop

MODEMACHER

Vorgefertigte Dimensionen
waren für mich immer uninteressant.
Das gilt nicht nur für die Mode!

Daniela Bechtolf

MODEMACHERIN

Lebe, liebe, lache gut — mache Deine Sache gut!

Manfred Schneider

MODEMACHER

Die Heiterkeit des Herzens!

Antonia Hilke

FERNSEHJOURNALISTIN, MODE

Die häßlichsten Medaillen
haben oft die schönsten Kehrseiten!

Barbara Bernstorff

MODEMACHERIN

Das Bessere
ist des Guten Feind.

Marlies Möller

STAR-FRISEURIN

Nicht was der Mensch hat,
nur was er tut, ist sein unverlierbares Eigentum.

(Friedrich Hebbel)

Heinz Merges

STAR-FRISEUR

Glück und Glücklichsein wollen gepflegt werden!

Caren Pfleger

MODEMACHERIN

Denke positiv und großzügig!

Marietta Riederer

MODEJOURNALISTIN

Individuell geplante Ordnung
diszipliniert nicht nur den Job,
sondern auch den Haushalt!

Marie Louise Steinbauer

FERNSEHJOURNALISTIN, MODE

Mit Gott!!!

Richard von Weizsäcker

PRÄSIDENT DER BUNDESREPUBLIK DEUTSCHLAND

Ehren wir die Freiheit.
Arbeiten wir für den Frieden.
Halten wir uns an das Recht.
Dienen wir unseren inneren Maßstäben.

(Aus seiner Ansprache vom 8. Mai 1985 im Deutschen Bundestag)

Annemarie Renger

VIZEPRÄSIDENTIN DES DEUTSCHEN BUNDESTAGES

Aufmerksam die Probleme der Zeit aufnehmen;
Antworten zu geben, die der Gerechtigkeit,
Selbstachtung und Würde des Menschen entsprechen —
und sich an den eigenen Prinzipien messen lassen;
politisch nach innen wie nach außen die gleiche
Sprache sprechen, die nicht ohne Irrtum sein
kann, aber durch Bemühen um Wahrhaftigkeit
überzeugt.

Mildred Scheel

GRÜNDERIN DEUTSCHE KREBSHILFE

Nicht reden,
sondern tun!

Hermann J. Abs

EHEMALIGER VORSTANDSVORSITZENDER DEUTSCHE BANK

Wie können wir uns den Kindern gegenüber rechtfertigen,
wenn sie aus ihrem Staunen mit Fragen wach werden?

Constantin Freiherr von Heereman

PRÄSIDENT DES DEUTSCHEN BAUERNVERBANDES

Nach der Finsternis
hoffe ich auf Licht!

(Wappenspruch seiner Familie)

Aenne Burda

VERLEGERIN, „BURDA-MODEN“

Wenn wir auch der Härte unserer Zeit
nicht entfliehen können, so kann uns
das Schöne, wo wir es finden,
glückliche Momente schenken.
Und nicht immer müssen es große Dinge sein,
die uns beglücken.
Ein Kinderlächeln, ein Vogel,
der jubiliert — eine Blume, eine klare Sternennacht
können uns entzücken und Schönes vermitteln.
Wir müssen unsere Sinne dafür wachhalten.

Botho Prinz zu Sayn-Wittgenstein

PRÄSIDENT DES DEUTSCHEN ROTEN KREUZES

Was Du für den Nächsten tust,
bestimmt den Wert Deines Lebens!

Grete Schickedanz

CHEFIN DES VERSANDHAUSES QUELLE

Es gibt nichts, was man nicht noch
besser machen könnte. Aber man kann
nur fordern, wenn man selbst ein gutes
Beispiel gibt!

Julia Dingwort-Nusseck

PRÄSIDENTIN DER LANDESZENTRALBANK NIEDERSACHSEN

Wenn Gott in seiner Rechten alle Wahrheit
und in seiner Linken
den einzigen immer regen Trieb
nach Wahrheit,
obschon mit dem Zusatze,
mich immer und ewig zu irren,
verschlossen hielte
und spräche zu mir: Wähle!
Ich fiele ihm mit Demut
in seine Linke
und sagte: Vater, gib!
Die reine Wahrheit ist ja doch nur für Dich allein!

(G. E. Lessing)

Hildegard Hamm-Brücher

BUNDESTAGSABGEORDNETE (FDP)

Wag zu sein wie Daniel,
wage es, allein zu steh'n.
Wage es, ein Ziel zu haben,
wage es! Und laß es seh'n!

(Ein altes englisches Kirchenlied)

Peter Boenisch

JOURNALIST, EHEMALIGER REGIERUNGSSPRECHER

Tue Deinen Mund auf für die Stummen
und für die Sache aller, die verlassen sind!

Hans L. Merkle

AUFSICHTSRATSVORSITZENDER DER FIRMA BOSCH

Freiheit ist so transparent, so aus sich selbst leuchtend
und so zerbrechlich wie Porzellan.
Wir müssen sie in beide Hände nehmen,
wenn wir sie bewahren wollen!

Uta Ranke-Heinemann

KATHOLISCHE THEOLOGIN

Wer sich nicht zu helfen weiß,
ist nicht wert,
daß er in Verlegenheit kommt!

(Sie zitiert ihren Vater, den früheren Präsidenten der Bundesrepublik Deutschland, Gustav Heinemann)

Elisabeth Noelle-Neumann

WISSENSCHAFTLERIN, MEINUNGSFORSCHUNGSINSTITUT ALLENSBACH

Geduld ist die Kunst zu hoffen!

(Luc de Clapiers Marquis de Vauvenargues, französischer Philosoph)

Max Grundig

UNTERNEHMER, GRUNDIG-WERKE

Was nützen mir Lebensansichten?
Ich muß jeden Tag anders reagieren!

Rolf Rodenstock

UNTERNEHMER

Nicht an die Güter hänge Dein Herz,
die das Leben vergänglich zieren.
Wer besitzt, der lerne verlieren,
wer im Glück ist
lerne den Schmerz!

(Friedrich Schiller)

Lieselotte von Rantzau-Essberger

REEDERIN

Man sieht nur mit dem Herzen gut.
Das Wesentliche ist für die Augen unsichtbar!

(Antoine de Saint-Exupéry, französischer Schriftsteller)

Franz Josef Strauß

BAYERISCHER MINISTERPRÄSIDENT, VORSITZENDER DER CSU

Leben und leben lassen!

Herbert Mies

VORSITZENDER DER DKP

. . . lieber ein scharfer Splitter
im Auge des Kapitals
als ein morscher Trägerbalken
in seinem gesellschaftlichen System!

Petra Kelly

POLITIKERIN, DIE GRÜNEN

Beginne dort, wo du bist,
und warte nicht auf bessere Umstände.
Sie kommen automatisch in dem Augenblick,
wo Du beginnst!

Philip Rosenthal

UNTERNEHMER

Wer glaubt etwas zu sein,
hat aufgehört etwas zu werden.

Rudolf-August Oetker

UNTERNEHMER

Ich wäre gern Lebensmittel-Einzelhändler geworden,
da könnte ich mit den Kunden ein direktes Gespräch führen.

Ferdinand Porsche

UNTERNEHMER, SPORTWAGEN

In der Ruhe liegt die Kraft!

Otto Wolff von Amerongen

UNTERNEHMER, VORSITZENDER DES DEUTSCHEN INDUSTRIE- UND HANDELSTAGES

Als Kölner lebe ich nach dem „Paragraphen elf“:
Nimm Dich nicht so wichtig!

Georg Baselitz

MALER, JUNGER WILDER

Ich unterhalte mich lieber mit Toten als mit Ungeborenen.

Markus Lüpertz

MALER, JUNGER WILDER

Der Regen spielt mit mir Wasserlassen
Die Dunkelheit Heimlichkeit
Und ich —
Ich spiele mit mir Genie!

Alexander Camaro

MALER, „MEXIKANISCHE SERIE“

Herz aller Dinge

Joseph Beuys

MALER, BILDHAUER

Kunst ist für mich nur die Umgestaltung der Gesellschaft zu einer —
jenseits von Kapitalismus und Kommunismus!

Horst Janssen

MALER, ZEICHNER

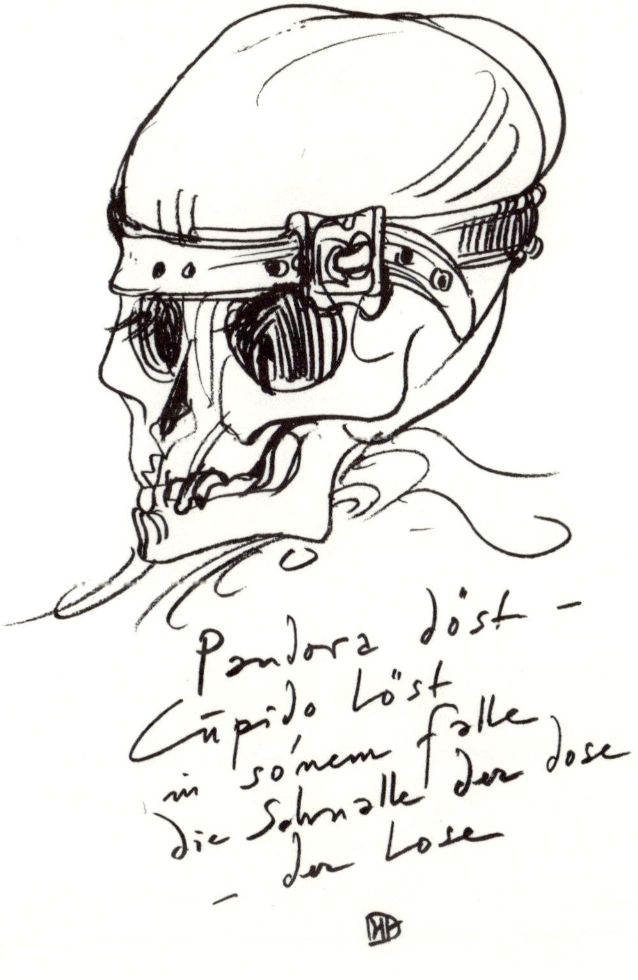

Bernhard Heiliger

BILDHAUER, „FLAMME BERLIN“

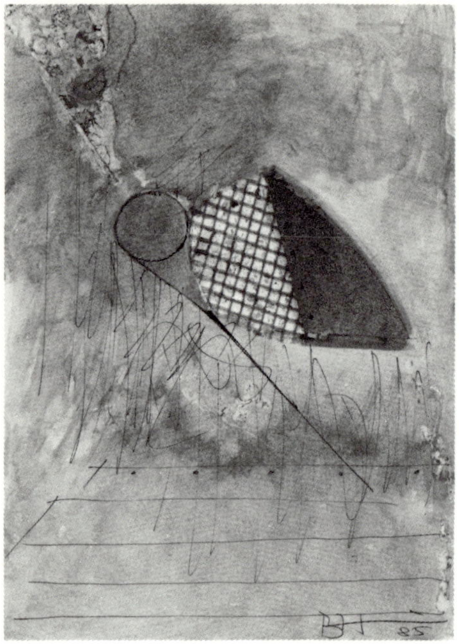

Kunst kommt aus der Stille.
Nur das Besondere aber ist still,
wirkt deshalb auf den Betrachter und erreicht ihn,
gleich an welchem Ort;
denn längst ist die Sprache der bildenden Kunst
zu einer Weltsprache geworden.

Paul Wunderlich

MALER, BILDHAUER

Mit der Aura des Kunstwerkes verhält es sich wie mit der Erotik der Frau – es ist hilfreich an beides zu glauben.

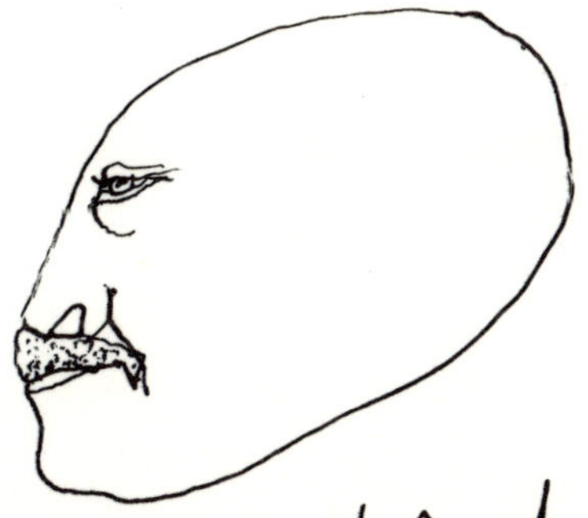

Paul Wunderlich

A. R. Penck

MALER, JUNGER WILDER

VORWÄRTS!

Bruno Bruni

MALER

Meglio un giorno da leone che cento da pecora
(Lieber ein Tag als Löwe als hundert als Schaf)

Peter Paul

MALER

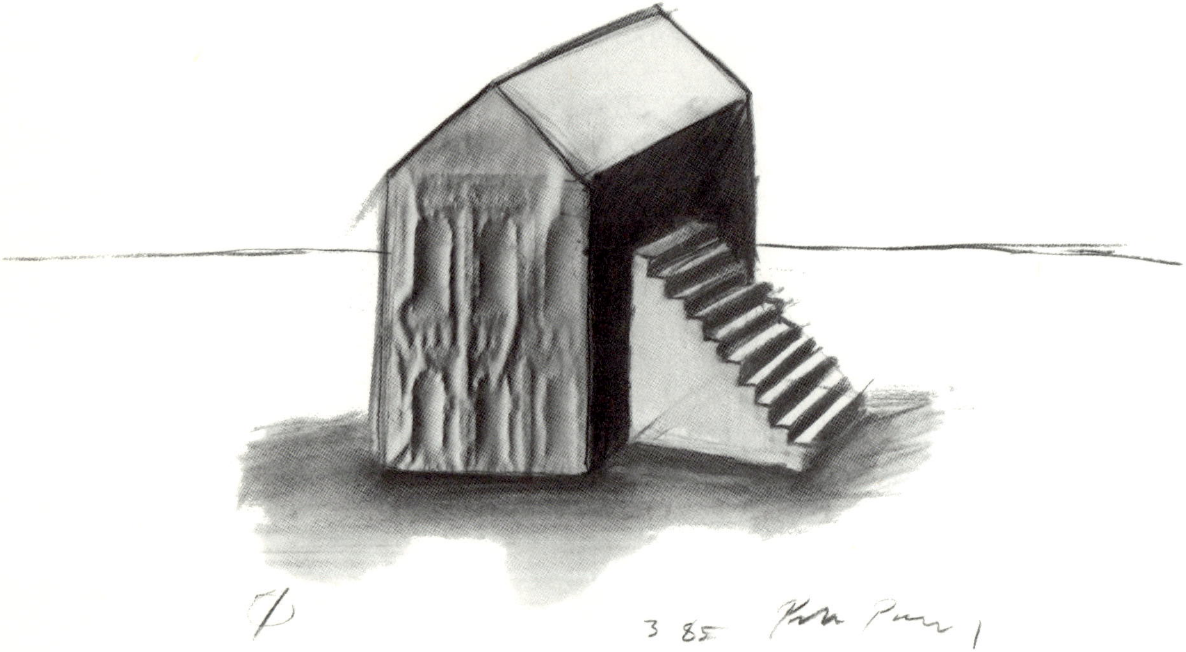

Heute abend möchte ich mich besuchen,
hoffentlich bin ich zu Hause.

(Karl Valentin)

Boleslaw Barlog

EHEMALIGER THEATERINTENDANT, BERLIN

Aber hüte Deine Seele vor dem Karrieremachen!

(Theodor Storm)

Peter Zadek

INTENDANT UND REGISSEUR

Alice im Wunderland!

Rolf Liebermann

OPERNINTENDANT

Das Leben formt uns,
auch wenn wir meinen,
daß wir es gestalten!

Jürgen Flimm

REGISSEUR, THEATERINTENDANT

Es genügt nicht, die Welt zu verändern. Das tun wir ohnehin.
Und weitgehend geschieht das sogar ohne unser Zutun.
Wir haben diese Veränderung auch zu interpretieren. Und zwar,
um diese zu verändern. Damit sich die Welt nicht weiter
ohne uns verändere. Und nicht schließlich in eine
Welt ohne uns.

(Günther Anders)

Rudolf Noelte

REGISSEUR

Gib mir die Gelassenheit, Dinge hinzunehmen,
die ich nicht ändern kann;
gib mir den Mut, Dinge zu ändern,
die ich ändern kann;
und gib mir die Weisheit,
das eine vom anderen zu unterscheiden!

(Friedrich Christoph Oetinger, lutherischer Theologe, 1702—1782)

Claus Peymann

REGISSEUR, THEATERINTENDANT

Meine Lebensansichten ändern sich täglich . . .
wie das Wetter!

Eberhard Fechner

FERNSEHREGISSEUR, „TADELLÖSER & WOLFF"

Der Künstler soll nicht Richter seiner Person sein,
sondern nur leidenschaftsloser Zeuge.
Beurteilen werden es die Geschworenen, die Leser.
Meine Sache ist nur, die Fähigkeit zu besitzen,
die wichtigen Äußerungen
von den unwichtigen zu unterscheiden
und sie in Beziehung zueinander zu setzen.

(Anton Tschechow, russischer Schriftsteller)

Horst Königstein

REGISSEUR, „DAS BEIL VON WANDSBEK“

Man hat Wirklichkeit gewonnen
und Traum verloren.

(Robert Musil, österreichischer Schriftsteller)

Gyula Trebitsch

FILM- UND FERNSEHPRODUZENT

Ich glaube an nichts so sehr
wie an die Wahrheit in der Fantasie!

Katharina Trebitsch

FILM- UND FERNSEHPRODUZENTIN

Du wirst nicht danach beurteilt, was Du sagst,
sondern was Du tust!

(Rosa Luxemburg)

Wolfgang Menge

FERNSEHAUTOR, „DAS MILLIONENSPIEL"

Das Wort Verantwortung
hat nur da einen deutlichen Sinn,
wo jemand die Folgen seines Handelns
öffentlich abgerechnet bekommt.
Wo eine solche Instanz nicht zu sehen ist,
ist man von der Verantwortung entlassen
und kann sich mit vollem Herzen
der Moral der anderen annehmen.

(Arnold Gehlen, deutscher Philosoph)

Ida Ehre

SCHAUSPIELERIN, LEITERIN DER HAMBURGER KAMMERSPIELE

Bleibe jung —
damit du alt werden kannst!

Wolfgang Rademann

FERNSEHPRODUZENT, „DAS TRAUMSCHIFF“

Nichts ist erfolgreicher
als der Erfolg!

Wolfgang Petersen

FILMREGISSEUR, „DAS BOOT“

Wer nicht anfängt
wird nicht fertig!

Jürgen Roland

FILM- UND FERNSEHREGISSEUR

Das schaffen wir schon!

Herbert Achternbusch

AUTOR, REGISSEUR, „ATLANTIKSCHWIMMER"

Weil ich alles im Leben so gespenstisch finde, fällt mir
nur dieser Witz ein:
Ein Skelett geht an die Theke und verlangt:
„Eine Halbe Bier . . .
und einen Putzlumpen, bitte!"

Heinz Sielmann

FERNSEHPRODUZENT, „EXPEDITIONEN INS TIERREICH"

Was ist das Schwerste von allem?
Was Dir das Leichteste dünket:
Mit den Augen zu sehen,
was vor den Augen dir liegt!

Marlene Dietrich

FILMSCHAUSPIELERIN, „DER BLAUE ENGEL"

Mein Idol: Goethe!
Von ihm kamen in meinen „Sturm-und-Drang"-Jahren
die Antworten auf meine Fragen.
Das Richtige tun, wobei es sich am Ende als
unerheblich herausstellen kann,
was richtig ist —
Ignoranz beim Handeln zu verabscheuen —
Perfektion als die himmlische Norm zu betrachten!

Hanna Schygulla

FILMSCHAUSPIELERIN, „LILI MARLEEN"

Halte Dich an die, die nach der Wahrheit suchen,
und geh denen aus dem Weg,
die sie gefunden haben.

Gert Fröbe

FILMSCHAUSPIELER, „GOLDFINGER"

Handle, Künstler — rede nicht!

Werner Hinz/Ehmi Bessel

SCHAUSPIELER-EHEPAAR, „DER HAUPTMANN VON KÖPENICK", „NATHAN DER WEISE"

Alles Alte, soweit es Anspruch darauf hat,
sollen wir lieben,
aber für das Neue sollen wir recht eigentlich leben.

(Theodor Fontane)

Martin Benrath

SCHAUSPIELER, „BERLINGER"

Jeder Tag ist ein neuer Anfang!

(Christopher Fry, englischer Dramatiker, „Das Dunkel ist licht genug")

Götz George

SCHAUSPIELER, „SCHIMANSKI“

Ich würde mich schämen,
vielleicht mit 60 Jahren mit der nämlichen
Moralphysiognomie zwischen Himmel und Erde herumzulaufen,
nur um des elenden Vergnügens willen
andere schlechter zu finden als mich!

(Georg Büchner)

Will Quadflieg

SCHAUSPIELER, REZITATOR, „FAUST“

Wer spricht vom Siegen?
Überstehen ist alles!

(Rainer Maria Rilke)

Christoph Eschenbach

PIANIST UND DIRIGENT

Jeder Tag ist d e r Tag!
Und jeden Tag sollte man die Welt neu und
vorurteilsfrei sehen,
nach innen hören und nicht nach außen fragen.

Udo Lindenberg

ROCK-SÄNGER, „ALLES KLAR AUF DER ANDREA DORIA“

Weisheiten gibt's so viele,
ich weiß gar nicht, wo ich anfangen,
aber sehr wohl,
daß ich nie aufhören soll . . .

Maria Becker

SCHAUSPIELERIN, „DER PROZESS MARIOTTI“

Es kommt nicht auf das Ziel an,
sondern auf den Weg!

Bernhard Minetti

SCHAUSPIELER, „DAS LETZTE BAND“

Ich handle nach meinem Instinkt
und meinem Verstand!

Martin Held

SCHAUSPIELER, „ROSEN FÜR DEN STAATSANWALT“

Es gibt für Unzählige nur ein Heilmittel:
die Katastrophe!

(Christian Morgenstern)

Udo Jürgens

POP-SÄNGER, „MERCI, CHÉRIE“

Ein Künstler ist nichts anderes
als ein Schnorrer des Zeitgeistes!
Sein Geschick muß allerdings darin liegen,
den Zeitgeist von morgen
bereits heute vorauszufühlen!

Erika Pluhar

SCHAUSPIELERIN, CHANSON-SÄNGERIN

TROTZDEM!

Inge Meysel

SCHAUSPIELERIN

Gestern ist vorbei,
morgen sorgt Gott,
heute lebe!

Eva Mattes

SCHAUSPIELERIN, „DEUTSCHLAND, BLEICHE MUTTER“

Staub lieber
als ein Weib, das nicht reizt!

(Heinrich von Kleist)

Justus Frantz

PIANIST

In jeder Kreatur ein Funken Gottes

(Dostojewski)

Peter Alexander

SCHLAGERSÄNGER, SCHAUSPIELER, „CHARLEY'S TANTE“

Das größte Übel, das wir unseren Mitmenschen
antun können, ist nicht, sie zu hassen,
sondern ihnen gegenüber gleichgültig zu sein.
Das ist absolute Unmenschlichkeit.

(G. B. Shaw, irischer Schriftsteller)

Ingrid Steeger

DARSTELLERIN, ULKNUDEL

Positives zieht Positives an!

Helga Feddersen

SCHAUSPIELERIN, KOMIKERIN

Mache auch Du einmal den ersten Schritt!

Helmut Qualtinger

SCHAUSPIELER, KABARETTIST, „DER HERR KARL"

Es gibt kaum etwas Schöneres,
als dem Schweigen eines Dummkopfes zuzuhören!

Caterina Valente

SCHLAGERSÄNGERIN, „BONJOUR KATRIN“

Trotzdem lachen!

Heidi Kabel

SCHAUSPIELERIN, OHNSORG-THEATER

Lerne denken
mit dem Herzen!

Bertha Drews

STAATS-SCHAUSPIELERIN

Frieden findet man nur in den Wäldern!

(Michelangelo, italienischer Bildhauer, Maler und Dichter)

Josef Neckermann

REITER, OLYMPIASIEGER, DEUTSCHE SPORTHILFE

Was du tust, das tue ganz!

Uwe Seeler

EHEMALIGER FUSSBALL-NATIONALSPIELER

Gewinnen wollen, verlieren können!

Helmut Schön

EHEMALIGER TRAINER DER DEUTSCHEN FUSSBALL-NATIONALMANNSCHAFT

Der nächste Gegner ist immer der schwerste!

Franz Beckenbauer

TEAM-CHEF DER DEUTSCHEN FUSSBALL-NATIONALMANNSCHAFT

Die Praxis sollte das Ergebnis des Nachdenkens sein,
und nicht umgekehrt.

(Hermann Hesse)

Bernhard Langer

GOLF-PROFI

Unser Leben ist heutzutage viel zu sehr auf Dinge bezogen,
die Werte darstellen, z. B. Autos und Fernsehen.
Ich finde, die Menschen sollten sich wieder mehr auf die Natur besinnen.
Zur Besinnung gehört für mich übrigens auch die Religion.

Michael Groß

SCHWIMMER, OLYMPIASIEGER

Im Leben hat man meistens zwischen dem guten Ruf
und dem Vergnügen zu wählen.
Und man erkennt, daß der gute Ruf kein Vergnügen ist.

Max Schmeling

EHEMALIGER SCHWERGEWICHTS-WELTMEISTER IM BOXEN

Immer auf dem Teppich bleiben!

René Weller

BOXER, EUROPAMEISTER IM MITTELGEWICHT

Wir sind immer vorn,
und sind wir einmal hinten,
dann ist hinten vorn!

Wilhelm Bungert

EHEMALIGER TENNIS-PROFI

„Champions“ werden durch Trainer gemacht! —
Was nicht bedeutet, daß man sich auf seinen Lorbeeren ausruhen kann.
Allzu leicht fühlt man sich als „Champion“
und ist vom Ziel noch weit entfernt!

Boris Becker

TENNIS-NACHWUCHSTALENT

Nur wer sich selbst das letzte an Leistung abverlangt,
wird über den Durchschnitt hinauskommen!

Ulrike Meyfarth

HOCHSPRUNG, OLYMPIASIEGERIN, WELTREKORDLERIN

Es kommt immer anders, als man denkt.
Aber, wer weiß, wozu es gut ist!

Jürgen Hingsen

LEICHTATHLET, ZEHNKAMPF-REKORDHALTER

Neid mußt Du Dir erkämpfen,
Mitleid bekommst Du von selbst!

Willy Kuhweide

SEGLER, OLYMPIASIEGER

Den anderen ganz spitz und uns ganz breit!

Alwin Schockemöhle

REITER, OLYMPISIEGER

Wer viel von der Vergangenheit redet, wird alt!

Niki Lauda

FORMEL-1-RENNFAHRER

Dieser Konflikt zwischen Ost und West!
Da muß endlich etwas passieren!
Die Verantwortlichen — nicht irgendwelche Delegierte —
müßten sich einmal im Monat treffen und im persönlichen Kontakt
und in Gesprächen versuchen, die Konflikte zu lösen
und den Frieden zu sichern!

Mutter Teresa

MISSIONARIN, FRIEDENSNOBELPREISTRÄGERIN

Maria, Mutter Gottes, schenke mir Dein Herz,
so voller Liebe und Bescheidenheit,
damit ich Jesus im Brot des Lebens empfangen darf.
Ihn lieben darf, wie Du ihn geliebt hast,
ihm dienen kann, den Ärmsten der Armen zu helfen,
die im Elend untergehen. Amen.

Hans A. Pestalozzi

EHEMALIGER MANAGER, JETZT AUTOR FÜR NATURSCHUTZ

Der Mensch ist das einzige Lebewesen mit einem eigenen Willen.
Voraussetzung, um Mensch sein zu können, sind die innere Bereitschaft,
die subjektive Fähigkeit und die objektive Möglichkeit,
einen eigenen Willen formen und geltend machen zu können.
Nur selbstbestimmtes Leben ist menschliches Leben!
Leben heißt Kampf gegen die Mächtigen, die nicht wollen,
daß ich ich sein kann, sondern die wollen,
daß ich so bin, wie sie es wollen!

Karlheinz Böhm

GRÜNDER DER HILFSORGANISATION „MENSCHEN FÜR MENSCHEN", SCHAUSPIELER

Ich kann die Welt nicht verändern,
aber einen einzelnen Menschen: mich selber!

Bernhard Grzimek

NATUR- UND TIERSCHÜTZER, „KEIN PLATZ FÜR WILDE TIERE“

Und wenn auch morgen die Welt untergehen sollte,
pflanze ich doch noch heute einen Apfelbaum!

Wolf Graf Baudissin

FRIEDENSFORSCHER UND AUTOR, „NIE WIEDER SIEG“

Die Welt ist voller Konflikte und wird es bleiben.
Wer friedlichere Beziehungen in allen Bereichen menschlichen Daseins wünscht,
muß lernen, mit Konflikten zu leben, muß bereit sein,
im Andersdenkenden nicht den Feind zu sehen,
den es zu bekämpfen oder gar zu eliminieren gilt.
Dazu gehört ein hohes Maß an Verständnis,
gehört viel Geduld, gehört der Verzicht auf schnelle, perfekte Lösungen.
Die gibt es nicht.
Friede ist keine Idylle, die ein für allemal erreicht werden könnte.

FRIEDE BEDARF UNSERER BEHARRLICHEN
ANSTRENGUNG!

Frank Elstner

„WETTEN, DASS . . .?"

Denn wo zwei oder drei in meinem Namen versammelt sind,
da bin ich mitten unter ihnen.

(Matthäus-Evangelium, Kapitel 18, Vers 20)

Rudi Carrell

„AM LAUFENDEN BAND"

Seit ich sechs Jahre alt bin,
möchte ich — und zwar konsequent —
Menschen unterhalten,
und sonst gar nichts!

Hans Rosenthal

„DALLI, DALLI!"

Wer keine Feinde hat,
hat keine Freunde!

Thomas Gottschalk

„NA SO WAS!"

Mit Gott fang an,
mit Schalk hör auf,
das ist der schönste Lebenslauf!

Hanns Dieter Hüsch

„ZOLL UND HABEN“

„Ich bin der Ansicht“, sagt der eine.
„Der Ansicht bin ich nicht“, sagt der andere.
Es hat schon sehr viele Ansichten, gute und schlechte, über das Leben gegeben,
da spielt meine Ansicht eigentlich keine Rolle mehr.
Nur soviel:
Contenance, meine Freunde,
wir sind nur Gast auf Erden!

Kay Lorentz

GRÜNDER DES KABARETTS „KOM(M)ÖDCHEN", DÜSSELDORF

Die öffentliche Hand hat viele lange Finger!

Lore Lorentz

„KOM(M)ÖDCHEN", DÜSSELDORF

Was ich dem Helmut Kohl so besonders übel nehme, ist,
daß einem der Franz Josef Strauß langsam immer sympathischer wird!

Dieter Hildebrandt

„SCHEIBENWISCHER"

Mensch, bedenke,
daß die Bakterien uns
von der anderen Seite
des Mikroskops beobachten!

Gerhard Polt

„DA SCHAU HER", „KEHRAUS"

A Paradis is olwei dann
wo olwei oaner da is,
der wo aufpaßt,
daß koana neikimmt.

Werner Schneyder

„LACH- UND SCHIESSGESELLSCHAFT"

Glück ist, wenn man zusieht, wie die Zeit vergeht
und hofft, daß sie für einen arbeitet!

Henning Venske

„GESTAMMELTE WERKE"

Ich glaube, ich bin ein Charakter,
aber ich habe keinen.

Karl Dall

„INSTERBURG & CO."

Mit meiner Art,
mit der ich mir bis zum 25. Lebensjahr alles versaut habe,
habe ich heute das größte Schwein!

Otto Waalkes

„OTTO“

Monika Jetter,
geb. 1940 in Berlin,
Rundfunk- und Fernseh-Moderatorin,
Mitarbeiterin der internationalen Kinderhilfsorganisation
TERRE DES HOMMES,
Arbeitsgruppe Hamburg.

HANSEATISCHE EDITION GMBH,
Mühlenkamp 31, 2000 Hamburg 60, Telefon 040/2 79 10 05.
Grafische Gestaltung: Karl Heinz Rauchberger, Hamburg.

ISBN 3-921 554-45-4